Oltre le Etichette: Guida per Genitori sulla Diversità di Genere

"Una risorsa completa per famiglie, scuole e bambini per comprendere e affrontare l'identità di genere e sessuale."

Indice: "Oltre le Etichette: Guida per Genitori sulla Diversità di Genere"

- Risorse educative per facilitare il dialogo

- Approfondimenti: Consigli pratici da psicologi

4. Rilevare e Sostenere la Diversità di Genere nei Bambini

- Riconoscere segnali preziosi

- Sostenere l'esplorazione dell'identità di genere

- Gestire le dinamiche familiari

- Strumenti pratici: Creare un ambiente di accettazione

5. Azioni Quotidiane per Favorire un Ambiente Accogliente

- Linguaggio empatico e rispettoso

- Creare spazi di espressione individuale

- Modificare la dinamica dei giochi e delle attività

- Dialoghi aperti su modelli di ruolo positivi

- Creare tradizioni familiari inclusive

6. Connessioni Profonde e Sostenibilità

- Comprendere le emozioni in evoluzione

- Sostenere la crescita individuale

- Strumenti psicologici per genitori

- Dialoghi familiari continui

- Sostenibilità nell'accettazione

7. Affrontare le Sfide e Celebrare il Viaggio

- Affrontare le sfide comuni

- Sostenere i figli nelle sfide personali

- Celebrare le vittorie e i progressi

- Affrontare il ruolo dei media e dell'educazione

- Il continuo viaggio di accettazione

8. Spiegare ai Bambini la Diversità di Genere con Sensibilità

- Creare uno Spazio Aperto per la Conversazione

- Utilizzare un Linguaggio Adatto all'Età

- Promuovere l'Accettazione e la Gentilezza

- Introdurre Storie Positive

- Rispondere alle Domande Specifiche

Capitolo Finale: Oltre le Etichette, Verso un Futuro di Accettazione

- Riflessioni finali: L'unicità di ogni individuo

- Il potere dell'accettazione incondizionata

- Guardare avanti: Costruire un futuro inclusivo

- Un ringraziamento affettuoso

- Risorse aggiuntive: Per continuare il viaggio

- Conclusione: Un viaggio senza fine

Capitolo Aggiuntivo Bonus: Esplorare la Propria Identità di Genere e Sessuale

Per gli Adulti:

Auto-Consapevolezza e Riflessione:

- Come iniziare a esplorare la propria identità di genere e sessuale.

- Riflessioni personali e autoconsapevolezza

Risorse psicologiche:

- Consigli da psicologi specializzati nell'identità di genere e sessuale.

Supporto professionale per affrontare dubbi e incertezze.

Comunità e Gruppi di Supporto:

- - Partecipare a comunità online o gruppi di supporto locale.

- Condividere esperienze e connettersi con persone che hanno affrontato situazioni simili.

Per i Bambini:

Dialoghi Aperti e Accoglienti:

Come creare un ambiente familiare aperto per discutere di identità di genere e sessuale.

L'importanza del dialogo senza giudizio.

Inclusione a Scuola:

- - Come le scuole possono promuovere un ambiente inclusivo e accogliente.

- Consigli per educatori e insegnanti su come affrontare domande e dubbi dei bambini.

Coinvolgimento dei Genitori:

- - Coinvolgimento attivo dei genitori nel supportare i bambini nell'esplorazione della propria identità.

- Risorse e suggerimenti pratici per genitori.

Consigli Pratici per Tutti:

Lettura e Risorse Educative:

- Libri e risorse educative adatte a tutte le età per comprendere meglio l'identità di genere e sessuale.

- Consigli su come utilizzare tali risorse in modo efficace.

Ricerca Online Responsabile:

Indicazioni per una ricerca online responsabile e sicura per ottenere ulteriori informazioni.

Attenzione agli stereotipi e alle fonti non affidabili

Consultare Professionisti Competenti:

- L'importanza di consultare professionisti qualificati in caso di dubbi significativi o difficoltà.

- Come trovare professionisti competenti nella tua area.

Conclusioni

Capitolo Bonus: Esplorazione dell'Identità - Domande e Test Riflessivo

Introduzione:

Benvenuti nella nostra guida, "Oltre le Etichette: Guida per Genitori sull'Identità di Genere". L'identità di genere è un aspetto importante della diversità umana, e comprendere questo concetto è fondamentale per costruire una società inclusiva e rispettosa. Questo libretto è stato creato con l'obiettivo di offrire ai genitori gli strumenti necessari per spiegare ai propri bambini la realtà transgender in modo educativo e compassionevole. Il mondo sta evolvendo, e con esso cambiano anche le nostre percezioni di genere. Attraverso questa guida, speriamo di fornire informazioni chiare e consigli pratici per aiutare le famiglie a navigare attraverso le conversazioni sull'identità di genere in modo aperto, accogliente e amorevole. Siamo certi che, con comprensione e supporto, possiamo costruire un futuro in cui ogni individuo si senta libero di essere se stesso, senza paure o pregiudizi.

Capitolo 1: Cos'è l'Identità di Genere?

L'identità di genere è un concetto fondamentale per comprendere la diversità umana. Quando parliamo di identità di genere, ci riferiamo a come una persona si identifica internamente in termini di maschio, femmina o altre identità di genere. È cruciale distinguere tra identità di genere e sesso biologico, poiché quest'ultimo si riferisce alle caratteristiche fisiche come organi genitali, cromosomi e ormoni.

Immagina l'identità di genere come il modo in cui una persona sente di appartenere al mondo, di riconoscersi internamente. Alcune persone si identificano con il genere assegnato loro alla nascita (maschio o femmina), mentre altre possono sperimentare una diversa identità di genere. È importante capire che l'identità di genere non è limitata al binario maschio/femmina; esistono molte identità di genere diverse, tra cui non binarie, bigender, agender e molte altre.

In sintesi, l'identità di genere è un aspetto profondo e personale di chi siamo. Il rispetto per questa diversità contribuisce a creare un ambiente in cui ogni individuo si sente riconosciuto e accettato per la propria identità unica. Nella prossima sezione, esploreremo il concetto di transgender e come questo si collega all'identità di genere.

Capitolo 2: La Differenza tra Sesso e Genere

Introduzione:

Nel nostro viaggio per comprendere appieno la diversità di genere, è fondamentale gettare le basi con una chiara distinzione tra due concetti spesso confusi: sesso e genere. Mentre il sesso si riferisce alle caratteristiche biologiche e fisiche che contraddistinguono gli individui come maschi o femmine, il genere è una costruzione sociale che va oltre queste distinzioni anatomiche, riguardando il modo in cui gli individui si identificano e si esprimono.

Sesso: Oltre la Biologia

Il sesso, spesso identificato alla nascita in base a criteri fisici come organi genitali e cromosomi, è un aspetto della nostra identità che può presentare una gamma di sfumature. È importante riconoscere che il sesso biologico non sempre determina in modo univoco il genere di un individuo. Per esempio, alcuni individui possono nascere con caratteristiche fisiche che non corrispondono al loro sentire interno di essere maschi o femmine.

Genere: La Costruzione Sociale

Il genere, d'altra parte, si basa sulle aspettative culturali, sociali e comportamentali associate a maschi e femmine. Si tratta di un concetto complesso che abbraccia identità di genere, espressione di genere e ruoli di genere. Mentre il sesso è assegnato alla nascita, il genere è una costruzione individuale che può evolvere nel corso della vita di una persona.

Approfondimenti: Differenze Culturali nell'Identità di Genere

Le concezioni di genere possono variare notevolmente tra le diverse culture. Alcune società possono riconoscere più di due categorie di genere, mentre altre possono avere aspettative rigorose legate ai ruoli maschili e femminili.

Esplorare queste differenze può arricchire la nostra comprensione della diversità di genere.

L'Evolvere della Comprensione

La nostra comprensione di sesso e genere è in continua evoluzione. La società moderna sta riconoscendo sempre di più la diversità di identità di genere, spingendoci a sfidare le norme tradizionali. Con il progresso scientifico e sociale, stiamo aprendo la strada a una visione più inclusiva e rispettosa della diversità di genere.

Chi Sono i Transgender?

Il concetto di transgender è un elemento fondamentale nella comprensione dell'identità di genere. Le persone transgender sono coloro che sperimentano un divario tra l'identità di genere con cui si identificano e il sesso assegnato loro alla nascita. In altre parole, una persona transgender può nascere con un corpo che non rispecchia la sua identità di genere interna.

La Sfida dell'Incomprensione:

Molte persone transgender affrontano sfide uniche nel cercare di far comprendere agli altri la loro esperienza. Spesso, la società può essere limitata da norme di genere rigide, rendendo difficile per le persone transgender essere riconosciute e rispettate nella loro identità.

La Varianza dell'Esperienza Transgender:

È cruciale notare che l'esperienza transgender è altamente individuale. Ogni persona transgender ha la propria storia, percezione e modo di affrontare la propria identità di genere. Alcune persone possono sperimentare una transizione fisica attraverso l'uso di ormoni o interventi chirurgici, mentre altre possono scegliere di esprimere la propria identità di genere attraverso abbigliamento e comportamenti.

Accettazione e Supporto:

Le persone transgender, soprattutto durante i processi di auto accettazione e di condivisione con gli altri, cercano un ambiente di accettazione e supporto. Il ruolo dei genitori diventa fondamentale in questo contesto, poiché il sostegno familiare può fare la differenza nel benessere emotivo e mentale di un individuo transgender.

Racconti di Esperienze Positive:

Introdurre storie di successo e accettazione può essere un modo potente per sfatare i miti e abbattere pregiudizi. Questo capitolo include narrazioni di esperienze transgender positive, evidenziando il coraggio e la resilienza di coloro che hanno abbracciato la propria identità di genere.

Storia 1: Il Coraggio di Abbracciare l'Identità di Genere di Tuo Figlio

Maria e Paolo, una coppia di genitori che credeva fermamente nell'importanza della creatività e dell'apertura mentale, sono stati colti alla sprovvista quando Marco ha rivelato il suo desiderio di esplorare l'identità di genere. Inizialmente confusi e preoccupati, Maria e Paolo hanno deciso di intraprendere un percorso di comprensione. Hanno iniziato con una consulenza psicologica specializzata, partecipando insieme alle sedute per imparare come sostenere Marco.

Il momento chiave è arrivato quando Marco, con il coraggio che solo i giovani possono avere, ha organizzato una serata "di cuore a cuore" con i suoi genitori. Ha condiviso i suoi sentimenti, le esperienze e le sfide affrontate nella scoperta della sua identità. Marco ha utilizzato il suo talento artistico per illustrare visivamente i suoi sentimenti, aprendo un dialogo che ha contribuito a costruire un ponte tra lui e i genitori. Attraverso il tempo, le conversazioni aperte e il sostegno continuo, la famiglia di Marco ha dimostrato che l'amore incondizionato e l'accettazione sono le pietre miliari del loro legame.

Storia 2: Accettazione e Crescita attraverso l'Amore Incondizionato

Giulia e Luca, una coppia di genitori appassionati di espressione artistica, hanno sperimentato una tempesta emotiva quando Alice, la loro figlia intelligente e appassionata, ha rivelato di essere transgender. Inizialmente confusi, Giulia e Luca si sono affrettati a cercare aiuto da uno psicologo specializzato. Alice ha trovato il coraggio di organizzare una serata familiare in cui ha condiviso le sue esperienze, le paure e le speranze per il futuro. Ha presentato una canzone, scritta per esprimere la sua identità, toccando il cuore dei genitori e aprendo una finestra sulla sua anima. Giulia e Luca hanno deciso di supportare Alice con amore incondizionato, facendo di questo viaggio un'opportunità di crescita e apprendimento per tutta la famiglia.

Storia 3: Un Viaggio di Auto-Scoperta per Tutta la Famiglia

Matteo, un giovane artista con una famiglia appassionata di esplorazione creativa, ha condiviso la sua identità di genere con Sofia e Roberto, genitori che valorizzano la diversità e la libertà di espressione. L'inizio del percorso è stato segnato da una serata familiare in cui Matteo ha esposto le sue opere d'arte, ognuna rappresentante un capitolo del suo viaggio di auto-scoperta. La famiglia ha intrapreso una lettura collettiva di libri educativi sulla diversità di genere e ha partecipato a workshop che hanno alimentato la comprensione reciproca. Matteo ha avuto il coraggio di avviare il dialogo, dimostrando a Sofia e Roberto che la comunicazione aperta e l'accettazione possono trasformare le sfide in opportunità di crescita e connessione familiare.

In questo capitolo, abbiamo gettato le fondamenta per una comprensione più approfondita della diversità di genere, delineando chiaramente le differenze tra sesso e genere. Proseguiamo ora nel nostro viaggio, esplorando come genitori amorevoli possono navigare attraverso questa complessa e affascinante dimensione della vita dei loro figli.

Continuando a esplorare il mondo transgender, aiutiamo le famiglie a comprendere che, attraverso il rispetto e la consapevolezza, possiamo contribuire a creare un ambiente più inclusivo e accogliente per tutti. Nel prossimo capitolo, discuteremo di come i genitori possono affrontare e spiegare la realtà transgender ai loro bambini in modo educativo.

Capitolo 3: Conversazioni Aperte e Accettazione Familiare

Introduzione:

Entriamo ora in un capitolo cruciale del nostro percorso: come avviare e mantenere conversazioni aperte sulla diversità di genere con i nostri figli. La comprensione e l'accettazione familiare sono pietre angolari fondamentali per sostenere i bambini nei loro percorsi unici di esplorazione dell'identità di genere.

Conversazioni Iniziali: Creare un Ambiente Accogliente

L'inizio di questa conversazione potrebbe essere un momento sensibile, eppure è essenziale. Genitori amorevoli possono creare un ambiente sicuro e accogliente, facendo sapere ai loro figli che sono pronti ad ascoltare senza giudicare. Accogliere con affetto le rivelazioni dei bambini è fondamentale per costruire fiducia e connessione.

Approfondimenti: Consigli Pratici da Psicologi

Psicologi esperti suggeriscono di mantenere la calma e di esprimere il proprio sostegno. Evitare reazioni eccessivamente emotive può favorire un dialogo più aperto e confortevole.

Navigare le Emozioni: Per Genitori e Figli

La diversità di genere può suscitare una gamma di emozioni in genitori e figli. É normale sentirsi confusi, preoccupati o persino spaventati. Condividere apertamente queste emozioni può consolidare il legame familiare e dimostrare un impegno autentico verso l'accettazione.

Approfondire la Comprensione: Letture condivise e Risorse Educative

Per facilitare il dialogo, potremmo integrare letture condivise e risorse educative sulla diversità di genere. Libri e materiali adatti all'età dei bambini possono essere utili per spiegare concetti complessi in modo accessibile.

Costruire una Connessione Duratura

Il capitolo conclude enfatizzando l'importanza di costruire una connessione duratura. La diversità di genere è un viaggio che evolve, e il supporto continuo e l'amore incondizionato dei genitori sono fondamentali per il benessere emotivo dei loro figli.

Come Spiegare ai Bambini?

Affrontare il tema della diversità di genere con i bambini richiede delicatezza e chiarezza. Per guidare questo processo, è utile attingere a consigli da esperti e utilizzare esempi concreti per rendere più comprensibile l'argomento.

Semplificare Senza Ridurre:

I bambini hanno una capacità sorprendente di comprendere concetti complessi, ma è essenziale adattare il linguaggio alle loro capacità di comprensione. Un esempio potrebbe essere spiegare che "alcuni bambini si sentono più a proprio agio vestendosi in un modo diverso da quello che gli altri si aspettano, e questo va bene."

Storie ed Analogie:

I racconti sono potenti strumenti educativi. Utilizzate storie che coinvolgano personaggi transgender in modo positivo, enfatizzando l'accettazione e l'amore. Ad esempio, potreste narrare la storia di un personaggio che scopre la propria identità di genere e viene supportato dalla famiglia e dagli amici.

Rispondere alle Domande:

I bambini avranno probabilmente molte domande. Psicologi consigliano di rispondere in modo onesto e appropriato all'età, adattando le risposte al livello di comprensione del bambino. Ad esempio, potreste rispondere a una domanda sulla diversità di genere dicendo: "Come ci sono tanti tipi di fiori nel giardino, ci sono anche tanti tipi di persone e ognuno è speciale a suo modo."

Normalizzare la Diversità:

Rispettate e normalizzate la diversità di genere. Psicologi raccomandano di utilizzare esempi positivi nella vita quotidiana, come le diverse attività che i bambini possono svolgere indipendentemente dal genere. Ad esempio, potreste sottolineare che i bambini possono amare giocare con bambole o macchinine, indipendentemente dal genere.

Dimostrare il Rispetto:

Gli psicologi enfatizzano il ruolo cruciale dei genitori nel modellare il rispetto. Attraverso comportamenti e linguaggio rispettosi, i bambini imparano a essere aperti e tolleranti. Ad esempio, potreste commentare positivamente la diversità di genere nei media o nelle vostre interazioni quotidiane.

Incorporando consigli da psicologi e utilizzando esempi concreti, i genitori possono creare un ambiente in cui i bambini apprendono l'importanza del rispetto e della comprensione per tutte le identità di genere. Nel prossimo capitolo, esploreremo il ruolo fondamentale dei genitori nel supportare e accettare i loro figli transgender.

In questo capitolo, abbiamo esplorato come avviare e mantenere conversazioni aperte sulla diversità di genere, fornendo consigli pratici da psicologi e risorse educative. Proseguiamo ora nel nostro viaggio, affrontando più approfonditamente le dinamiche pratiche e psicologiche di questo percorso.

Capitolo 4: Rilevare e Sostenere la Diversità di Genere nei Bambini

Introduzione:

Entriamo ora in un territorio più pratico e osserviamo come genitori amorevoli possono rilevare e sostenere la diversità di genere nei loro bambini. Questo capitolo offre un'analisi dettagliata dei segnali, delle dinamiche familiari e degli strumenti pratici per navigare in questo viaggio di comprensione e accettazione.

Riconoscere Segnali Preziosi

I genitori possono imparare a riconoscere segnali preziosi che indicano l'identità di genere dei loro bambini. Dalla scelta dei giocattoli alle preferenze di abbigliamento, questi segnali possono offrire insight preziosi sulla percezione interna del bambino.

Approfondimenti: Consigli di Psicologi

Gli psicologi consigliano di prestare attenzione alla coerenza dei segnali e di evitare l'attribuzione di stereotipi di genere rigidi. Un approccio aperto e privo di giudizio è fondamentale per comprendere appieno l'esperienza del bambino.

Sostenere l'Esplorazione dell'Identità di Genere

Genitori amorevoli possono sostenere l'esplorazione dell'identità di genere dei loro bambini in modi pratici ed empatici. Questo può includere l'accesso a risorse educative, la partecipazione a gruppi di sostegno e il coinvolgimento in attività che incoraggiano l'espressione individuale.

Dinamiche Familiari: Dialoghi Aperti e Accettazione

Un dialogo aperto all'interno della famiglia è cruciale. Questo capitolo esplora come i genitori possono gestire le dinamiche familiari, coinvolgendo gli altri membri in un dialogo rispettoso e informativo sulla diversità di genere.

Strumenti Pratici: Creare un Ambiente di Accettazione

Il capitolo si conclude offrendo strumenti pratici per creare un ambiente di accettazione, inclusivo e rispettoso della diversità di genere. Dai cambiamenti nella comunicazione familiare alle piccole azioni quotidiane, questi strumenti sono progettati per integrare l'accettazione in ogni aspetto della vita familiare.

Il Ruolo dei Genitori: Accettazione e Supporto

Il ruolo dei genitori nel supportare i figli transgender è fondamentale per favorire un ambiente di accettazione e comprensione. Gli psicologi forniscono consigli pratici per aiutare i genitori a navigare in questo percorso.

Accogliere l'Identità del Bambino:

Accogliere l'identità di genere del bambino significa riconoscere e rispettare la sua auto-identificazione. Gli esperti sottolineano che esprimere apertamente il proprio sostegno, dicendo ad esempio "Ti amo per quello che sei" o "Sono qui per sostenerti", contribuisce a creare un legame positivo tra genitore e figlio.

Creare un Ambiente di Supporto:

Creare un ambiente di supporto significa non solo accettare, ma anche adattarsi alle esigenze e alle espressioni del bambino. Ad esempio, se il bambino desidera vestirsi in modo diverso, fornire opzioni di abbigliamento e mostrare entusiasmo per le sue scelte contribuisce a rafforzare il suo senso di identità.

Esempio: Se il bambino desidera indossare abiti tradizionalmente associati all'altro genere, permettete loro di farlo e condividete l'entusiasmo per il loro stile unico.

Essere un Alleato Attivo:

Essere un alleato attivo richiede un impegno costante per l'educazione e il sostegno. I genitori possono partecipare a seminari, leggere libri sulla diversità di genere e coinvolgersi attivamente in iniziative di advocacy.

Esempio: Partecipate a eventi comunitari sulla diversità di genere o organizzate incontri informativi per amici e familiari.

Comunicazione Aperta e Onesta:

La comunicazione aperta è fondamentale. Gli psicologi consigliano di creare uno spazio sicuro in cui il bambino si senta libero di esprimere le proprie esperienze, emozioni e domande.

Esempio: Potreste iniziare dicendo, "Sono qui per te. Se hai domande o desideri parlare di qualunque cosa, sono disponibile."

Esempi Tangibili di Sostegno:

Dimostrare sostegno in modi tangibili aiuta il bambino a sentirsi compreso e amato. Gli esempi possono variare da partecipare a eventi scolastici a favore della diversità di genere a fornire risorse informative.

Esempio: Sostenere l'implementazione di politiche inclusiva a scuola o partecipare attivamente a gruppi di genitori che promuovono l'accettazione.

Osservare il Bambino:

Gli psicologi consigliano di osservare attentamente il bambino per individuare segnali di benessere o disagio. Un ambiente di supporto dovrebbe riflettersi nel comportamento e nell'umore del bambino.

Esempio: Se il bambino mostra una maggiore fiducia o gioia quando esprime la sua identità di genere, ciò può indicare un ambiente di supporto positivo.

Incorporare esempi specifici e pratici aiuta i genitori a comprendere meglio come tradurre il sostegno teorico in azioni quotidiane, promuovendo così un ambiente che accoglie e supporta pienamente i figli transgender. Nel prossimo capitolo, esploreremo come creare un ambiente inclusivo in famiglia e nella società.

In questo capitolo, abbiamo esplorato come genitori amorevoli possono rilevare e sostenere la diversità di genere nei loro bambini, fornendo consigli pratici da psicologi e risorse educative. Proseguiamo ora nel nostro viaggio, esaminando ulteriormente come la comprensione e l'accettazione possono tradursi in azioni quotidiane.

Capitolo 5: Azioni Quotidiane per Favorire un Ambiente Accogliente

Introduzione:

Ora che abbiamo esplorato i fondamenti e gli strumenti pratici, ci immergiamo nei dettagli delle azioni quotidiane che genitori amorevoli possono intraprendere per creare un ambiente familiare autenticamente accogliente e rispettoso della diversità di genere.

Linguaggio Empatico e Rispettoso

Il linguaggio è potente. In questo capitolo, esaminiamo come un linguaggio empatico e rispettoso possa contribuire a creare un ambiente familiare inclusivo. Evitare stereotipi di genere nei dialoghi quotidiani e incoraggiare un vocabolario aperto e diversificato sono passi fondamentali.

Approfondimenti: Consigli di Psicologi

Gli psicologi enfatizzano l'importanza di ascoltare attivamente i bambini e rispondere in modo sensibile alle loro esigenze linguistiche. Questa pratica può promuovere la fiducia e la comunicazione aperta.

Creare Spazi di Espressione Individuale

Ogni bambino ha il diritto di esprimere la propria identità in modo unico. Esploriamo come genitori amorevoli possono creare spazi in cui i loro figli si sentano liberi di esprimere la loro individualità attraverso l'abbigliamento, la decorazione della stanza e le attività creative.

Modificare la Dinamica dei Giochi e delle Attività

In un mondo spesso caratterizzato da stereotipi di genere nei giochi e nelle attività, questo capitolo offre suggerimenti su come i genitori possono modificare la dinamica per favorire un'esperienza più aperta e inclusiva.

Dialoghi Aperti su Modelli di Ruolo Positivi

I genitori svolgono un ruolo cruciale nella presentazione di modelli positivi di ruolo. Questo capitolo esamina come genitori amorevoli possono intraprendere dialoghi aperti su modelli di ruolo positivi, incoraggiando l'uguaglianza e la diversità.

Creare Tradizioni Familiari Inclusive

Infine, esploriamo come genitori possono creare tradizioni familiari inclusive che celebri la diversità di genere. Dalle festività alle occasioni speciali, queste tradizioni possono diventare pilastri di accettazione e amore.

Creare un Ambiente Inclusivo

Creare un ambiente familiare inclusivo è un passo cruciale per supportare i bambini transgender e promuovere un senso di accettazione e appartenenza. In questo capitolo, esploreremo diverse strategie e pratiche che i genitori possono adottare per creare un ambiente inclusivo e rispettoso della diversità di genere.

Educazione Continua:

Gli esperti sottolineano l'importanza dell'educazione continua per i genitori. Mantenersi informati su argomenti relativi alla diversità di genere, seguire nuove ricerche e partecipare a workshop o conferenze contribuisce a costruire una comprensione più approfondita.

Esempio: Leggere libri sulla diversità di genere, partecipare a webinar informativi e discutere con altri genitori possono essere modi efficaci per mantenere l'educazione continua.

Linguaggio Rispettoso:

L'utilizzo di un linguaggio rispettoso e inclusivo è fondamentale. Gli psicologi consigliano di evitare stereotipi di genere nel linguaggio e di utilizzare pronomi appropriati.

Esempio: Utilizzare pronomi corretti quando ci si riferisce al bambino e incoraggiare gli altri a fare lo stesso contribuisce a creare un ambiente rispettoso.

Promuovere la Diversità nei Giocattoli e nei Media:

Introdurre una varietà di giocattoli e materiali educativi che riflettano la diversità di genere è un modo tangibile per promuovere l'inclusività.

Esempio: Acquistare libri e giocattoli che presentino personaggi di diverse identità di genere e sfondi culturali aiuta a normalizzare la diversità.

Valorizzare le Differenze:

Gli esperti consigliano di promuovere una cultura familiare che valorizzi le differenze individuali e celebri la diversità come un arricchimento.

Esempio: Incoraggiare il bambino a esplorare i propri interessi, indipendentemente dai ruoli di genere tradizionali, dimostra l'accettazione delle loro scelte individuali.

Partecipare alla Comunità:

Essere parte attiva di comunità che promuovono l'inclusività può avere un impatto significativo. Gli psicologi suggeriscono di partecipare a eventi, gruppi di supporto e iniziative di advocacy.

Esempio: Unirsi a gruppi di genitori che sostengono la diversità di genere può offrire un sostegno reciproco e contribuire a creare una rete di solidarietà.

Affrontare il Bullismo e i Pregiudizi:

Gli esperti consigliano di preparare il bambino ad affrontare bullismo e pregiudizi che potrebbero sorgere. Creare un ambiente in cui il bambino si senta sostenuto e compreso aiuta a sviluppare resilienza.

Esempio: Discussione aperta e preparazione per affrontare situazioni difficili può preparare il bambino a gestire eventuali sfide.

In questo capitolo, abbiamo esaminato le azioni quotidiane che genitori amorevoli possono intraprendere per creare un ambiente familiare autenticamente accogliente e rispettoso della diversità di genere, integrando consigli pratici da psicologi. Proseguiamo ora nel nostro viaggio, dirigendoci verso una comprensione più profonda e pratica di come applicare questi principi nella vita quotidiana.

Creare un ambiente inclusivo richiede impegno costante e apertura da parte dei genitori. Adottare queste pratiche non solo supporta i figli transgender, ma contribuisce anche a plasmare una cultura di rispetto e accettazione all'interno della famiglia. Nel prossimo capitolo, esploreremo le risorse utili che possono assistere genitori e famiglie nel loro percorso.

Capitolo 6: Connessioni Profonde e Sostenibilità

Introduzione:

Nel nostro percorso verso una comprensione pratica e approfondita della diversità di genere, approfondiamo ulteriormente le connessioni familiari e l'importanza della sostenibilità nell'ambiente che abbiamo creato. Questo capitolo esplora le dimensioni psicologiche e pratiche di mantenere una connessione profonda e sostenibile.

Comprendere le Emozioni in Evoluzione

Le emozioni possono evolvere nel tempo, sia per i genitori che per i figli. In questo capitolo, approfondiamo come genitori amorevoli possano comprendere e gestire le emozioni in evoluzione, creando uno spazio sicuro per la crescita emotiva.

Approfondimenti: Consigli di Psicologi

Gli psicologi sottolineano l'importanza di adattarsi alle esigenze emotive mutevoli dei bambini, fornendo supporto costante e incoraggiando la comunicazione aperta.

Sostenere la Crescita Individuale

La crescita individuale è una parte integrante della diversità di genere. Genitori amorevoli possono sostenere la crescita individuale dei loro figli, rispettando le scelte e le evoluzioni di identità di genere che possono manifestarsi nel corso del tempo.

Strumenti Psicologici per Genitori

Questo capitolo introduce strumenti psicologici aggiuntivi per i genitori, fornendo approfondimenti su come gestire sfide psicologiche specifiche legate alla diversità di genere. Dai consigli sulla gestione dello stress all'importanza della consapevolezza emotiva, questi strumenti sono progettati per rafforzare la salute mentale dei genitori.

Dialoghi Familiari Continui

La diversità di genere è un viaggio in continua evoluzione. Questo capitolo esplora come i genitori possono mantenere dialoghi familiari continui, creando uno spazio in cui la comunicazione aperta e il sostegno reciproco sono costanti.

Sostenibilità nell'Accettazione

La sostenibilità nell'accettazione è un obiettivo a lungo termine. Esploriamo come genitori amorevoli possono mantenere un impegno sostenibile verso l'accettazione, adattandosi alle esigenze mutevoli dei loro figli e continuando a celebrare la diversità di genere.

Risorse Utili - Consigli degli Psicologi e Esempi Pratici

Accompagnare un bambino transgender richiede un impegno costante e il supporto di risorse utili.

In questo capitolo, esploreremo consigli degli psicologi e forniremo esempi pratici per aiutare i genitori a trovare sostegno e orientamento.

Consultare Professionisti Esperti:

- Consiglio degli Psicologi: Gli esperti suggeriscono di cercare il supporto di professionisti esperti in identità di genere, come psicologi o terapeuti specializzati.

- Esempio Pratico: Programmare appuntamenti regolari con un professionista esperto può fornire un ambiente sicuro per esplorare le emozioni e ricevere consigli pratici.

Partecipare a Gruppi di Supporto:

- Consiglio degli Psicologi: La partecipazione a gruppi di supporto può offrire connessioni preziose con altre famiglie che affrontano situazioni simili.

- Esempio Pratico: Unirsi a gruppi online o locali consente ai genitori di condividere esperienze, scambiare consigli e ricevere sostegno reciproco.

Educarsi sulla Legge e i Diritti:

- Consiglio degli Psicologi: Gli psicologi suggeriscono di comprendere i diritti legali e le leggi che proteggono i bambini transgender.

- Esempio Pratico: Organizzare incontri con avvocati specializzati in diritti LGBTQ+ per comprendere i diritti del bambino e della famiglia.

Costruire una Rete di Supporto:

- Consiglio degli Psicologi: Creare una rete di supporto è fondamentale. Amici, familiari e insegnanti possono essere importanti alleati.

- Esempio Pratico: Organizzare eventi educativi o condividere risorse informative con la rete di supporto contribuisce a creare un ambiente di accettazione.

Utilizzare Risorse Online e Letteratura Specializzata:

- Consiglio degli Psicologi: Le risorse online e la letteratura specializzata offrono informazioni aggiornate e storie di successo.

- Esempio Pratico: Creare un elenco di blog, libri e documentari che affrontano la diversità di genere per approfondire la comprensione.

Mantenere un Dialogo Aperto con la Scuola:

- Consiglio degli Psicologi: Gli psicologi consigliano di mantenere una comunicazione costante con la scuola per garantire il sostegno necessario.

- Esempio Pratico: Organizzare incontri regolari con insegnanti e personale scolastico per discutere delle esigenze del bambino e sviluppare strategie di inclusione.

Implementare queste risorse utili può essere un passo significativo per costruire una rete di supporto solida e affrontare le sfide legate all'identità di genere del bambino. Nel concludere questa guida, incoraggiamo i genitori a continuare il dialogo, l'educazione e la promozione dell'accettazione nella propria famiglia e nella società circostante.

In questo capitolo, abbiamo esaminato le connessioni familiari profonde e l'importanza della sostenibilità nell'ambiente creato, integrando strumenti psicologici per genitori e risorse educative aggiuntive. Proseguiamo ora nel nostro viaggio, affrontando le sfide specifiche che possono emergere durante il percorso di accettazione familiare della diversità di genere.

Capitolo 7: Affrontare le Sfide e Celebrare il Viaggio

Introduzione:

In questo capitolo, esploriamo le sfide specifiche che possono emergere durante il percorso di accettazione familiare della diversità di genere. Affrontare queste sfide richiede comprensione, resilienza e la consapevolezza che il viaggio è un continuo processo di crescita. Celebriamo le vittorie e affrontiamo con determinazione le sfide che possono presentarsi.

Affrontare le Sfide Comuni

Le sfide sono un aspetto inevitabile di qualsiasi viaggio, e il percorso della diversità di genere non fa eccezione. Affrontiamo le sfide comuni che i genitori possono incontrare, come il giudizio sociale, la mancanza di comprensione esterna e le pressioni culturali.

Approfondimenti: Consigli di Psicologi

Gli psicologi offrono strategie per affrontare il giudizio sociale, tra cui la costruzione di una rete di supporto, l'educazione continua e la pratica dell'autenticità.

Sostenere i Figli nelle Sfide Personali

Oltre alle sfide esterne, i bambini possono affrontare sfide personali legate alla loro identità di genere. Questo capitolo esplora come i genitori possono sostenere i loro figli, offrendo un rifugio sicuro durante momenti difficili e instillando fiducia nelle loro capacità di affrontare le sfide.

Celebrare le Vittorie e i Progressi

Mentre affrontiamo le sfide, è altrettanto importante celebrare le vittorie e i progressi lungo il percorso. Genitori amorevoli possono riflettere sulle conquiste dei loro figli, creando un ambiente in cui ogni passo in avanti è motivo di gioia e celebrazione.

Affrontare il Ruolo dei Media e dell'Educazione

Il ruolo dei media e dell'educazione può presentare sfide uniche. Questo capitolo esamina come i genitori possono affrontare criticamente il modo in cui la diversità di genere è rappresentata nei media e nell'educazione, promuovendo una visione equilibrata e inclusiva.

Navigare l'Identità di Genere con Amore e Comprensione

In questo percorso di esplorazione dell'identità di genere, abbiamo affrontato temi cruciali relativi alla comprensione, accettazione e supporto dei bambini transgender. Con il contributo di consigli degli psicologi e esempi pratici, abbiamo cercato di offrire una guida che possa assistere i genitori in questo viaggio importante.

Accettare l'Unicità di Ogni Individuo:

La chiave fondamentale per sostenere un bambino transgender è accettare e celebrare la sua unicità. Gli psicologi sottolineano che ogni individuo è diverso e che l'accettazione incondizionata contribuisce al benessere emotivo del bambino.

Creare un Ambiente di Accettazione:

Abbiamo esplorato come creare un ambiente familiare inclusivo, promuovendo la diversità e l'apertura alla comunicazione. La pratica costante di un linguaggio rispettoso e il sostegno attivo sono stati indicati come strumenti chiave per costruire un ambiente accogliente.

Sfruttare le Risorse Disponibili:

Le risorse, sia online che locali, giocano un ruolo essenziale nel fornire supporto e orientamento. Gli psicologi consigliano di sfruttare i servizi professionali, partecipare a gruppi di supporto e rimanere informati sulla legislazione relativa ai diritti delle persone transgender.

Educazione Continua:

La comprensione e l'educazione continua sono cardini importanti in questo percorso. Gli psicologi sottolineano che l'apprendimento costante contribuisce a ridurre stereotipi, promuovere l'accettazione e creare una mentalità aperta.

Coltivare una Rete di Supporto:

Infine, abbiamo evidenziato l'importanza di una rete di supporto solidale. La condivisione di esperienze, la partecipazione a eventi comunitari e la collaborazione con la scuola possono creare un ambiente in cui il bambino si senta sostenuto da tutti gli angoli.

In conclusione, sostenere un bambino transgender è un impegno profondo che richiede amore, comprensione e azioni concrete. Questa guida mira a essere un faro di luce in questo viaggio, offrendo risorse pratiche e consigli per aiutare i genitori a creare un ambiente in cui i loro figli possano esplorare e abbracciare appieno la propria identità di genere. Con amore, apertura e impegno continuo, possiamo contribuire a costruire un mondo più inclusivo e rispettoso per tutti.

In questo capitolo, abbiamo esplorato le sfide specifiche che possono emergere durante il percorso di accettazione familiare della diversità di genere, integrando consigli pratici da psicologi e risorse educative aggiuntive. Proseguiamo ora nel nostro viaggio, esplorando le diverse prospettive e voci di coloro che possono desiderare di comprendere meglio la diversità di genere nei loro figli.

Capitolo 8: Spiegare ai Bambini la Diversità di Genere con Sensibilità

Mentre ci impegniamo a supportare e comprendere i bambini transgender, è altrettanto importante affrontare le domande dei bambini che potrebbero essere curiosi ma non necessariamente coinvolti personalmente nell'identità di genere. Questo capitolo fornirà suggerimenti su come rispondere alle domande dei bambini sulla diversità di genere con sensibilità e chiarezza.

Creare uno Spazio Aperto per la Conversazione:

Quando i bambini fanno domande sulla diversità di genere, è importante creare uno spazio aperto in cui si sentano liberi di esprimere la propria curiosità senza timori. Gli esperti suggeriscono di rispondere alle domande con pazienza e apertura.

Esempio Pratico: "Mi piace che tu sia curioso! Vuoi chiedere qualcosa sulla diversità di genere? Sono qui per rispondere alle tue domande."

Utilizzare un Linguaggio Adatto all'Età:

Adattare il linguaggio alle capacità di comprensione del bambino è cruciale. Gli psicologi consigliano di utilizzare un linguaggio semplice e accessibile.

Esempio Pratico: "Immagina che ogni persona sia come un fiore diverso. Alcuni fiori sono grandi, altri sono piccoli, ma tutti sono speciali a modo loro. Nella stessa maniera, ci sono persone che si sentono diverse dentro e vogliono essere rispettate per chi sono."

Promuovere l'Accettazione e la Gentilezza:

Incoraggiare i bambini a essere gentili e rispettosi verso gli altri è un messaggio fondamentale. Gli esperti suggeriscono di promuovere l'accettazione della diversità di genere e di sottolineare che ognuno ha il diritto di essere se stesso.

Esempio Pratico: "È importante essere gentili con gli altri e rispettare le differenze. Le persone possono essere diverse, ma tutti meritano rispetto e amicizia."

Introdurre Storie Positive:

Raccontare storie che presentano personaggi transgender in modo positivo può aiutare a normalizzare la diversità di genere.

Esempio Pratico: "Sai, ci sono storie di persone che si sentono diverse nel loro cuore, e il bello è che ognuna di queste storie è speciale. Posso raccontarti una storia di come una persona ha trovato il coraggio di essere se stessa?"

Rispondere alle Domande Specifiche:

Se il bambino ha domande più specifiche sulla diversità di genere, rispondere con onestà e adattare le risposte alle loro capacità di comprensione.

Esempio Pratico: "Mi chiedi cosa significa essere transgender? È un po' come quando qualcuno si sente diverso rispetto a come gli altri potrebbero pensare, e desidera essere riconosciuto per chi è veramente."

Affrontare le domande dei bambini sulla diversità di genere con apertura e sensibilità contribuisce a costruire una comprensione più ampia e rispettosa del mondo che li circonda. Condividere questi concetti in modo accessibile può aiutare a coltivare una mentalità aperta sin dalla giovane età.

Capitolo Finale: Oltre le Etichette, Verso un Futuro di Accettazione

Introduzione:

Il nostro viaggio attraverso la diversità di genere è stato un percorso di scoperta, apprendimento e, soprattutto, amore. Mentre chiudiamo questo libretto, riflettiamo su quanto abbiamo imparato e abbracciamo l'opportunità di plasmare un futuro di accettazione e comprensione per tutti.

Riflessioni Finali: L'Unicità di Ogni Individuo

Ogni bambino è un individuo unico, con una storia, un percorso e un viaggio unici. Questo capitolo finale invita i genitori a riflettere sulla bellezza della diversità e sull'importanza di abbracciare l'unicità di ogni individuo, indipendentemente dalle etichette di genere.

Il Potere dell'Accettazione Incondizionata

Abbiamo esplorato come l'accettazione incondizionata possa creare legami familiari più forti e un ambiente che nutre la crescita di ogni bambino. L'accettazione va al di là delle norme di genere e delle aspettative sociali, aprendo la strada a un amore che abbraccia l'individualità.

Guardare Avanti: Costruire un Futuro Inclusivo

Questo capitolo finale è un invito a guardare avanti, a immaginare e costruire un futuro in cui la diversità di genere è celebrata, compresa e rispettata. Il cambiamento inizia nelle famiglie, e ogni piccola azione quotidiana contribuisce a plasmare un mondo più inclusivo per le generazioni future.

Un Ringraziamento Affettuoso

Ringraziamo voi, genitori amorevoli e curiosi lettori, per essere stati parte di questo viaggio con noi. La vostra dedizione all'amore, all'apertura e all'accettazione è il fondamento di un mondo più luminoso e compassionevole.

Risorse Aggiuntive: Per Continuare il Viaggio

Per coloro che desiderano ulteriori risorse e approfondimenti sulla diversità di genere, vi invitiamo a consultare le risorse elencate alla fine del libro. La conoscenza è una chiave potente per costruire ponti di comprensione e connessione.

Conclusione: Un Viaggio Senza Fine

Mentre concludiamo questo libretto, ricordiamo che il viaggio della diversità di genere è senza fine. Ogni giorno è un'opportunità per apprendere, crescere e amare ancora di più. Con cuori aperti e menti curiose, affrontiamo il futuro con fiducia e speranza, plasmando un mondo in cui ogni bambino possa fiorire, indipendentemente da chi siano o da chi scelgano di diventare.

Grazie per aver condiviso questo viaggio con noi. Insieme, possiamo costruire un mondo in cui ogni individuo è libero di essere autenticamente se stesso.

Capitolo Aggiuntivo Bonus: Esplorare la Propria Identità di Genere e Sessuale

Introduzione:

In questo capitolo, offriremo risorse e consigli sia per le persone adulte che per i bambini che stanno esplorando la propria identità di genere e sessuale. Affronteremo i dubbi comuni e forniremo strumenti pratici per aiutare nel processo di auto-scoperta.

Per gli Adulti:

Capitolo: Esplorare la Propria Identità di Genere e Sessuale

Introduzione:

In questo capitolo, ci immergeremo nel delicato processo di esplorare la propria identità di genere e sessuale. Con la guida di un professionista della psicologia, esploreremo la necessità di autoconsapevolezza, riflessione e come iniziare questo viaggio personale con consapevolezza e rispetto verso se stessi.

1) Auto-Consapevolezza e Riflessione:

L'auto-consapevolezza è il primo passo cruciale nel percorso di esplorazione dell'identità di genere e sessuale. Essa coinvolge la consapevolezza e la comprensione profonda di sé stessi, andando al di là delle etichette sociali e degli stereotipi di genere. Un approccio consapevole richiede:

- Esplorazione delle Emozioni: Identificare e comprendere le emozioni legate all'identità di genere e sessuale. Cosa si prova quando si riflette su questi aspetti di sé stessi?

- Riflessione sulle Esperienze Passate: Analizzare esperienze passate legate all'identità di genere e sessuale. Quali momenti hanno avuto un impatto sulla tua percezione di te stesso?2

- Valutazione delle Aspettative Esterne: Esaminare le aspettative esterne e sociali rispetto all'identità di genere. Come queste aspettative influenzano il tuo concetto di sé?

2) Come Iniziare a Esplorare la Propria Identità:

Iniziare a esplorare la propria identità richiede un approccio graduale e rispettoso verso se stessi. Sono utili i seguenti passaggi:

- Lettura e Informazione: Inizia con la lettura di risorse informative sulla diversità di identità di genere e sessuale. Libri, articoli e risorse online possono fornire una base di comprensione.

- Conversazioni Aperte: Trova spazi sicuri per conversare apertamente con amici fidati, familiari o con un professionista. Condividere pensieri e dubbi può essere liberatorio.

- Partecipazione a Comunità: Unisciti a comunità online o locali che supportano l'esplorazione dell'identità di genere e sessuale. L'ascolto delle esperienze degli altri può essere istruttivo.

3) Riflessioni Personali e Autoconsapevolezza:

La riflessione personale è un aspetto cruciale del percorso. Alcuni suggerimenti per favorirla sono:

- Diario di Riflessione: Mantieni un diario personale per esprimere pensieri, emozioni e riflessioni quotidiane sull'identità di genere. Questo può servire come spazio sicuro per esplorare te stesso.

- Domande Guidate: Rivolgiti a domande guidate che stimolino la riflessione profonda. Cosa significa per te essere autentico? Come vedi la tua identità in relazione agli altri?

- Esplorazione Creativa: Utilizza forme creative di espressione come l'arte, la scrittura o la musica per esplorare la tua identità. L'espressione artistica può rivelare aspetti profondi e intuitivi di sé stessi.

Conclusioni:

La consapevolezza e l'esplorazione della propria identità richiedono tempo, pazienza e gentilezza verso se stessi. Attraverso l'auto-consapevolezza e la riflessione, si apre la porta a una comprensione più autentica di sé, creando spazio per una vita vissuta in sintonia con la propria identità di genere e sessuale.

4) Risorse Psicologiche:

La consulenza psicologica specializzata può essere una risorsa preziosa nel percorso di esplorazione dell'identità di genere e sessuale. Un professionista qualificato può offrire:

- Consigli Specializzati: I psicologi specializzati nell'identità di genere e sessuale possono fornire consigli mirati e personalizzati. Questo comprende l'esplorazione delle emozioni, l'analisi delle esperienze passate e il supporto nella navigazione delle sfide specifiche legate all'identità.

- Supporto Emotivo: Affrontare dubbi e incertezze richiede spesso un sostegno emotivo dedicato. I professionisti possono creare uno spazio sicuro in cui esprimere liberamente i propri pensieri, paure e desideri.

- Strumenti Pratici: I psicologi possono fornire strumenti pratici per affrontare situazioni specifiche. Ciò può includere strategie per gestire lo stress, migliorare la comunicazione con gli altri e promuovere una salute mentale positiva.

- Percorso di Auto-Scoperta: Attraverso la consulenza, si può avviare un percorso di auto-scoperta più strutturato. Questo coinvolge l'approfondimento delle radici delle proprie emozioni e la costruzione di una comprensione più profonda di sé stessi.

5) Supporto Professionale per Affrontare Dubbi e Incertezze:

L'affrontare dubbi e incertezze sull'identità di genere e sessuale può essere complesso e emotivamente intenso. Il supporto professionale offre:

- Ambiente Non Giudicante: La consulenza fornisce un ambiente non giudicante in cui esplorare i dubbi e le incertezze senza timore di condanne. Questo ambiente facilita una comunicazione aperta e onesta.

- Gestione dello Stress: Affrontare dubbi sull'identità può generare stress e ansia. I professionisti possono insegnare tecniche di gestione dello stress per favorire una navigazione più tranquilla del percorso.

- Piano di Azione Individuale: In collaborazione con il cliente, i professionisti possono sviluppare un piano di azione individuale. Questo può includere passi specifici da intraprendere per esplorare ulteriormente l'identità di genere e sessuale in un modo sostenibile.

- Risorse Estese: I professionisti hanno spesso accesso a reti di supporto estese, compresi altri specialisti e organizzazioni. Queste risorse possono essere utili per affrontare aspetti specifici dell'identità di genere e sessuale.

Conclusioni:

Il supporto psicologico specializzato svolge un ruolo essenziale nell'aiutare le persone a esplorare la propria identità di genere e sessuale. Con consigli mirati e un ambiente di supporto, la consulenza offre le risorse necessarie per affrontare dubbi e incertezze in modo costruttivo, promuovendo un percorso di auto-scoperta autentico e rispettoso.

6) Comunità e Gruppi di Supporto:

Partecipare a comunità online o a gruppi di supporto locale è un passo significativo nell'esplorare l'identità di genere e sessuale.

Questa condivisione di esperienze offre:

- Condivisione Empatica: Unirsi a comunità online o a gruppi locali consente di condividere esperienze con persone che capiscono le sfide e le gioie legate all'identità di genere. La condivisione empatica può ridurre il senso di isolamento e fornire sostegno emotivo.

- Risorse Informative: Questi gruppi spesso fungono da hub per risorse informative e aggiornamenti sulla diversità di genere. I membri possono scambiarsi consigli pratici e informazioni rilevanti, contribuendo così all'educazione continua.

- Connessioni Significative: La partecipazione a comunità offre l'opportunità di costruire connessioni significative con persone che hanno affrontato situazioni simili. Questi legami possono diventare fonte di ispirazione e sostegno durante il percorso di esplorazione.

7) Condividere Esperienze e Connessione:

- Ascolto Attivo: In questi contesti, l'ascolto attivo è fondamentale. Condividere esperienze richiede un ambiente di accettazione, rispetto e comprensione reciproca. L'ascolto attivo permette di creare uno spazio in cui ogni voce è riconosciuta e valorizzata.

- Connettività Virtuale: Le comunità online offrono un'opportunità unica di connettersi con individui provenienti da diverse parti del mondo. Questa diversità di prospettive può arricchire la comprensione personale e favorire un senso di appartenenza globale.

- Eventi e Incontri: Molti gruppi organizzano eventi, incontri o conferenze in cui i membri possono incontrarsi di persona. Queste interazioni dirette possono consolidare i legami creati online e fornire un supporto tangibile.

Consigli Pratici:

- Rispetto delle Differenze: All'interno di comunità e gruppi di supporto, è importante praticare il rispetto delle differenze individuali. Ogni percorso è unico, e la diversità di esperienze arricchisce la comprensione collettiva.

- Partecipazione Consapevole: Partecipare a discussioni e condividere esperienze dovrebbe avvenire in modo consapevole. Rispettare la privacy degli altri e contribuire a un ambiente di accettazione reciproca è fondamentale.

Conclusioni:

L'adesione a comunità e gruppi di supporto offre un solido fondamento sociale per coloro che esplorano l'identità di genere e sessuale. La connessione con individui simili crea una rete di sostegno preziosa, contribuendo a un senso di appartenenza e comprensione condivisa.

Per i Bambini:

8) Dialoghi Aperti e Accoglienti con i Bambini:

Creare un ambiente familiare aperto per discutere di identità di genere e sessuale è essenziale per il benessere emotivo dei bambini.

Questo richiede:

- Comunicazione Libera: Incoraggiare i bambini a esprimere liberamente i loro pensieri e sentimenti sull'identità di genere senza paura di giudizio. La comunicazione aperta favorisce la comprensione reciproca.

- Ascolto Empatico: Praticare l'ascolto empatico è fondamentale. Cercare di capire i punti di vista dei bambini, rispondendo con empatia e comprensione, promuove un dialogo costruttivo.

- Normalizzare la Conversazione: Trattare l'identità di genere come un tema normale e naturale aiuta a ridurre il tabù associato ad esso. Ciò favorisce un ambiente in cui i bambini si sentono liberi di esplorare e comprendere sé stessi.

9) Inclusione a Scuola:

Le scuole possono svolgere un ruolo cruciale nella creazione di un ambiente inclusivo e accogliente per tutti gli studenti:

- Educazione Sensibile: Introdurre programmi educativi che insegnino l'importanza della diversità di genere e sessuale. Questo promuove la consapevolezza e la comprensione tra gli studenti.

- Politiche Anti-Discriminazione: Implementare politiche anti-discriminazione che vietino bullismo o discriminazione basati sull'identità di genere. Questo crea un ambiente sicuro in cui gli studenti possono esprimere sé stessi liberamente.

- Risorse per Educatori: Fornire risorse e formazione per educatori e insegnanti. Questi professionisti possono essere equipaggiati con le conoscenze e gli strumenti per affrontare domande e dubbi dei bambini in modo rispettoso.

10) Coinvolgimento Attivo dei Genitori:

Il coinvolgimento dei genitori è essenziale per sostenere i bambini nell'esplorazione della propria identità:

- Apertura alla Discussione: Creare uno spazio familiare in cui i bambini si sentano liberi di discutere di qualsiasi argomento, compresa l'identità di genere. L'apertura favorisce la fiducia e la comunicazione.

- Risorse per Genitori: Fornire risorse informative e materiali educativi ai genitori. Questi possono aiutare i genitori a comprendere meglio i temi legati all'identità di genere e offrire consigli pratici su come supportare i propri figli.

- Partecipazione Attiva: Essere attivamente coinvolti nel percorso di esplorazione dei bambini. Partecipare a eventi scolastici, sessioni informative e gruppi di sostegno può rafforzare il coinvolgimento dei genitori.

Conclusioni:

La creazione di ambienti aperti e inclusivi sia in famiglia che a scuola è fondamentale per sostenere i bambini nell'esplorazione della propria identità di genere. Dialoghi senza giudizio, educazione sensibile e coinvolgimento attivo dei genitori contribuiscono a un ambiente in cui i bambini si sentono accettati e supportati.

Consigli Pratici per Tutti:

11)Lettura e Risorse Educative:

- Selezione di Libri: Scegliere libri che trattano l'identità di genere e sessuale in modo inclusivo e informativo. I libri adatti a tutte le età possono essere una risorsa potente per avviare discussioni e promuovere la comprensione.

- Adattare alle Età: Adattare la scelta dei libri e delle risorse all'età dei lettori. Ciò assicura che il contenuto sia appropriato e comprensibile, contribuendo alla costruzione di una base solida di conoscenza.

- Discussione Attiva: Dopo la lettura, incoraggiare discussioni aperte sulla trama e sugli argomenti affrontati nei libri. Questo stimola la riflessione e permette ai lettori di esprimere le proprie opinioni.

Ricerca Online Responsabile:

- Indicazioni per la Ricerca: Fornire indicazioni chiare su come condurre una ricerca online responsabile. Incentivare l'uso di fonti affidabili e accuratamente verificate per evitare la diffusione di informazioni errate.

- Sensibilizzazione agli Stereotipi: Mettere in guardia dagli stereotipi e dagli stereotipi di genere presenti online. Promuovere una comprensione critica delle informazioni e incoraggiare a valutare la loro affidabilità.

- Guida per la Valutazione: Offrire linee guida sulla valutazione delle fonti online. Questo può includere la verifica della reputazione della fonte, l'esame delle referenze e il confronto delle informazioni con fonti multiple.

Consultare Professionisti Competenti:

- Riconoscere Segnali di Difficoltà: Informare sui segnali che potrebbero indicare la necessità di consulenza professionale. Questi possono includere cambiamenti significativi nel comportamento o nel benessere emotivo.

- Ruolo dei Professionisti: Spiegare il ruolo dei professionisti qualificati nel fornire supporto. Essi sono in grado di offrire consulenze specializzate per affrontare dubbi significativi o difficoltà legate all'identità di genere e sessuale.

- Ricerca di Professionisti Locali: Fornire risorse su come trovare professionisti qualificati nella propria area. Questo può includere l'accesso a elenchi professionali, organizzazioni locali o il coinvolgimento di servizi sanitari.

Conclusioni:

L'utilizzo consapevole di risorse educative, la ricerca online responsabile e la consulenza di professionisti qualificati sono strumenti essenziali per comprendere e navigare l'identità di genere e sessuale in modo informato e rispettoso. Questi consigli pratici contribuiscono a creare una base solida per un apprendimento consapevole e consigliato.

Capitolo Bonus: Esplorazione dell'Identità - Domande e Test Riflessivo

Esplorare l'orientamento sessuale è un percorso personale e in evoluzione. Per aiutare bambini e adolescenti a comprendere meglio se stessi, presentiamo una serie di domande stimolanti e un test opzionale. Questi strumenti sono pensati per promuovere un dialogo aperto, la riflessione personale e il rispetto per la unicità di ogni percorso individuale.

Domande Stimolanti:

1. Quando immagini una relazione romantica nel futuro, la immagini con qualcuno di sesso opposto o dello stesso sesso?

   - a) Sesso opposto.

   - b) Stesso sesso.

- c) Non ci ho mai pensato.

2. Quali tipi di relazioni trovi più intriganti o appaganti nei film o nei libri?

   - a) Relazioni eterosessuali.

   - b) Relazioni omosessuali.

   - c) Le relazioni non mi interessano molto nei racconti.

3. Quanto ti senti a tuo agio nel discutere di sentimenti romantici o attrazioni con amici o familiari?

   - a) Molto a mio agio.

   - b) Abbastanza a mio agio.

   - c) Per niente a mio agio.

4. Quando sogni ad occhi aperti su un partner romantico, ti immagini con qualcuno di sesso opposto o dello stesso sesso?

- a) Sesso opposto.

- b) Stesso sesso.

- c) Non sogno ad occhi aperti su partner romantici.

5. Come ti senti riguardo a gesti affettuosi come abbracci o tenersi per mano con persone di sesso opposto o dello stesso sesso?

- a) A mio agio con il sesso opposto.

- b) A mio agio con lo stesso sesso.

- c) Non mi sento a mio agio con la vicinanza fisica.

6. Quando pensi alle tue amicizie più strette, solitamente sono con persone di sesso opposto o dello stesso sesso?

- a) Principalmente con persone del sesso opposto.

- b) Principalmente con persone dello stesso sesso.

- c) Il genere non influenza le mie amicizie.

7. Quali qualità trovi attraenti o interessanti in un potenziale partner romantico?

   - a) Qualità tradizionalmente associate al sesso opposto.

   - b) Qualità tradizionalmente associate allo stesso sesso.

   - c) Una combinazione di varie qualità, indipendentemente dalle norme di genere.

8. Quanto è importante per te conformarti alle tradizionali aspettative di genere e alle aspettative nella tua relazione?

   - a) Molto importante.

   - b) Abbastanza importante.

   - c) Non è importante affatto.

9. Nei tuoi circoli sociali, senti che ci sono aspettative o supposizioni sulle tue inclinazioni romantiche basate sul tuo genere?

   - a) Sì, ci sono aspettative.

   - b) Alcune aspettative, ma non sono predominanti.

   - c) No, non ci sono aspettative.

10. Quando discuti di "crush" o interessi romantici con gli amici, trovi più intriganti le storie che coinvolgono il sesso opposto o dello stesso sesso?

   - a) Storie che coinvolgono il sesso opposto.

   - b) Storie che coinvolgono lo stesso sesso.

   - c) Non presto molta attenzione a quelle conversazioni.

Test di Esplorazione dell'Identità:

Assegna un punteggio a ogni risposta:

- a) = 1 punto

- b) = 2 punti

- c) = 3 punti

Punteggio Totale:

11-15 Punti: Le tue inclinazioni potrebbero orientarsi verso il sesso opposto.

8-10 Punti: Le risposte indicano una predisposizione a varie orientazioni romantiche.

4-7 Punti: Le tue risposte indicano una prospettiva equilibrata, valorizzando le qualità individuali rispetto al genere.

1-3 Punti: Le tue preferenze non sono ancora fortemente definite, e questo va bene.

Nota: Questo test è solo uno strumento di riflessione e non determina con precisione l'orientamento sessuale. Ricorda ai genitori ed insegnanti che l'orientamento sessuale può evolversi con il tempo, quindi è essenziale evitare qualsiasi forma di manipolazione.

9 798887 866321